INDICE

LE VOCALI

1 RIPASSA LE VOCALI E CONTINUA. POI COMPLETA LE PAROLE.

A A

a a

𝑎 𝑎

𝑎 𝑎

 __MO

 __N__TR__

 __LBERO

 __M__C__

E E

e e

ε ε

e e

 __LICA

 __D__RA

 __RBA

I

i

J

i

 __ND__ANO

 __STR__CE

 __SOLA

 __PPOPOTAMO

2

O o O o

__SS__   __RS__   __TT__   __RC__

U u

__NCINO   __NO   __OVO   __NGHIA

2 OSSERVA E PRONUNCIA.

A   E   I   O   U

3 RICONOSCI E CERCHIA LE VOCALI.

B A C D A U L N G

Q T M S O E H S

F E I O V U I P R

M DI MELA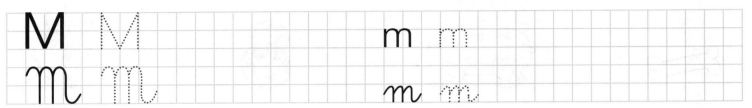

1 RIPASSA LE LETTERE E CONTINUA.

M M   m m

m m   m m

2 COMPLETA LE PAROLE CON **MA** OPPURE **ME**.

 _____NI

 _____DUSA

 _____TITA

 _____LANZANA

 _____RTELLO

 _____STOLO

3 COLORA IL SUONO GIUSTO E POI COMPLETA LA PAROLA.

 MU MO   _____CCA

 MA MO   _____LLA

 ME MI   _____MOSA

 MU ME   _____SICA

 MU MI   _____RTILLI

 MO MA   _____LLETTA

R DI RANA

1 RIPASSA LE LETTERE E CONTINUA.

R R r r

R R r r

2 UNISCI CIASCUN DISEGNO ALLA PAROLA GIUSTA.

RUSPA

RETE

RAMO

RINOCERONTE

ROSA

3 COMPLETA LE PAROLE CON **RA**, **RE**, **RI**, **RO**, **RU**.

MA____

____SCELLO

FA____

____OTA

____ZZO

COLO____

MO____

CO____LLO

5

S DI SERPENTE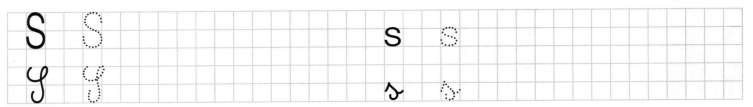

1 RIPASSA LE LETTERE E CONTINUA.

S S S s s

S S S s s

2 COMPLETA LE PAROLE CON SA, SE, SI, SO, SU.

 ___LE

 ___DIA

 ___EPE

 ___OLA

 I___LA

 ___PONE

 ___LE

 ___TTE

3 OSSERVA I DISEGNI: COLORA SOLO LE COSE E GLI ANIMALI IL CUI NOME INIZIA CON S.

4 COLORA IL SUONO GIUSTO E POI COMPLETA LA PAROLA.

| SA | SO | | SU | SI | | SE | SA | | SE | SI |

___LAME   ___GO   ___ME   A___NO

V DI VITE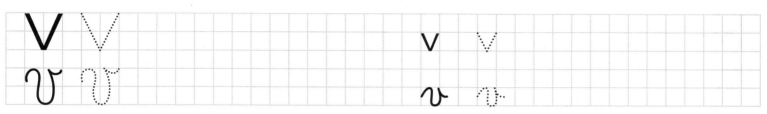

1 RIPASSA LE LETTERE E CONTINUA.

V   V̇   v   v̇

υ   υ̇   υ   υ̇

2 CERCHIA LE PAROLE CHE CONTENGONO **V**.

VASO	SASSO	VISO	CASA
	LAVA	MANO	VIOLA
VOTO	SALA	VELO	NAVE

3 COMPLETA LE PAROLE CON **VA, VE, VI, VO, VU**.

___LCANO   ___SCA   ___LIERO

___OLINO   ___LENO   AV___LTOIO

4 CAMBIA LA VOCALE EVIDENZIATA E SCOPRI CHE COSA MUOVE LE FOGLIE.

20 VENTI   _ _ _ _ _

N DI NIDO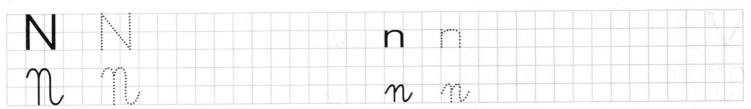

1 RIPASSA LE LETTERE E CONTINUA.

N N ⋮N⋮   n ⋮n⋮

N ⋮N⋮   n ⋮n⋮

2 OSSERVA I DISEGNI: COLORA SOLO LE COSE E GLI ANIMALI CHE CONTENGONO N.

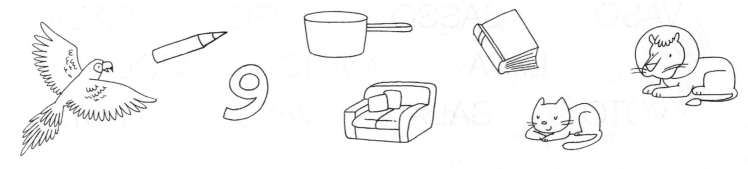

3 UNISCI CIASCUN DISEGNO ALLA PAROLA GIUSTA.

NAVE

NODO

NUVOLA

NEVE

NINFEA

4 OSSERVA L'ESEMPIO E FORMA LE PAROLE CON NA, NE, NI, NO, NU. USA QUATTRO COLORI DIVERSI.

NU LA NO MA RI RO

NA NI ME CE NE

Z DI ZAINO

1 RIPASSA LE LETTERE E CONTINUA.

Z Z   z z
z z   z z

2 CERCHIA LE PAROLE CHE CONTENGONO Z.

ZERO	SAPONE	ZETA	CASETTA
ZORRO	SENTIERO		ZUFOLO
CANE	ZANZARA		SCIARPA

3 COLORA IL SUONO GIUSTO E POI COMPLETA LA PAROLA.

ZE	ZA		ZE	ZO		ZU	ZI		ZO	ZE

___TTERA   ___BRA   ___A   ___O

ZA	ZU		ZE	ZI		ZE	ZO		ZA	ZI

___CCA   ___P   ___CCA   ___PPA

4 CAMBIA LE VOCALI EVIDENZIATE E SCRIVI LA NUOVA PAROLA.

POZZO

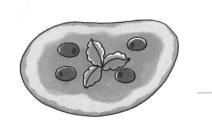

_ _ _ _ _ _ _

L DI LUNA

1 RIPASSA LE LETTERE E CONTINUA.

L L l l
ℓ ℓ l l

2 CERCHIA LE PAROLE CHE CONTENGONO L.

LUCCIOLA   MARE   LEPRE   NOTTE

LAMPO   TAPPO   LATTE

SAPONE   LIMONE   ROSA

3 COMPLETA LE PAROLE CON LA, LE, LI, LO, LU.

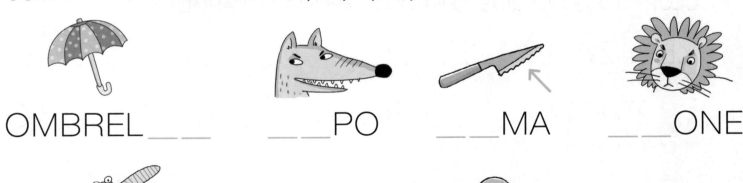

OMBREL____   ____PO   ____MA   ____ONE

____BELLULA   ____NTE

4 UNISCI I SUONI E FORMA LE PAROLE. POI LEGGI.

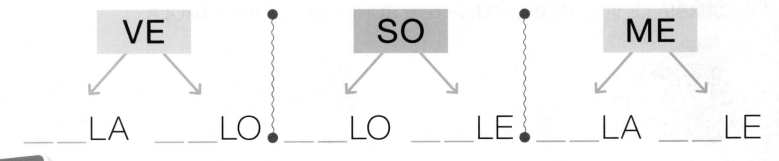

VE   SO   ME

____LA   ____LO   ____LO   ____LE   ____LA   ____LE

B DI BARCA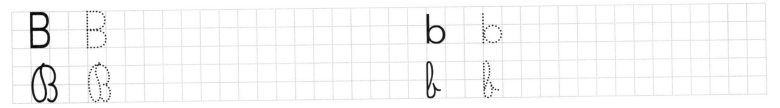

1 RIPASSA LE LETTERE E CONTINUA.

B B   b b

Β Β   b b

2 UNISCI CIASCUN DISEGNO ALLA PAROLA GIUSTA.

BUCO

BECCO

BAULE

BICCHIERE

BOTOLA

3 CERCHIA LE PAROLE CHE CONTENGONO **B**.

BIRO   ANATRA   ABETE   BANDIERA   UVA

BUE   LUME   BACIO   SEDIA   BOLLA

4 COMPLETA LE PAROLE CON **BA, BE, BI, BO, BU**.

 ___ SCOTTO   TU ___   ___ RRO

 ___ SONTE   ___ MBOLA   RI ___ S

T DI TORTA

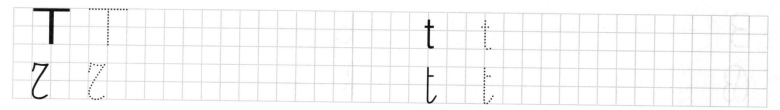

1 RIPASSA LE LETTERE E CONTINUA.

T T

t t

z z

t t

2 COMPLETA LE PAROLE CON TA, TE, TI, TO, TU.

____PPO ____MONE ____TÙ ____IERA ____PI

3 CERCHIA LE PAROLE CHE CONTENGONO T.

TIGRE   DAINO   TUTA   FORCHETTA   PINO
TROTTOLA   ALBERO   ZANZARA   PONTE

4 UNISCI I PEZZETTI DI PAROLA A DUE A DUE. POI SCRIVI I NOMI, COME NELL'ESEMPIO.

TE   CANO

TULI   NA

TISA   SORO

TU   PANO

TESORO

_____

_____

_____

P DI PESCE

1 RIPASSA LE LETTERE E CONTINUA.

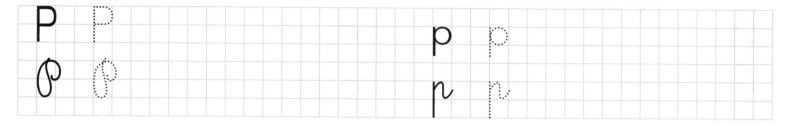

2 COLORA SOLO GLI SPAZI CON LE PAROLE CHE INIZIANO CON P
E SCOPRI IL DISEGNO MISTERIOSO.

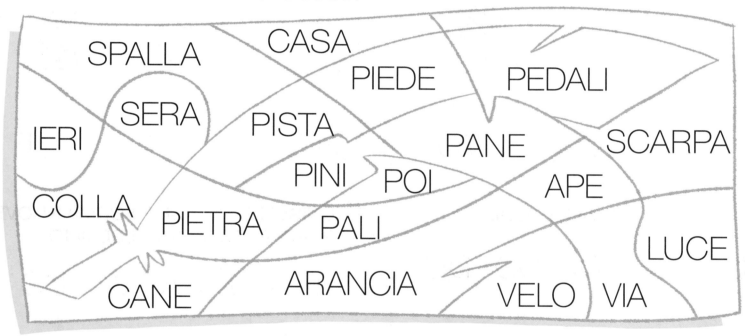

SPALLA

CASA

PIEDE

PEDALI

SERA

PISTA

PANE

SCARPA

IERI

PINI

POI

APE

COLLA

PIETRA

PALI

LUCE

CANE

ARANCIA

VELO   VIA

È UNA ___ ___ U ___ A.

3 COMPLETA LE PAROLE CON **PA, PE, PI, PO, PU.**

_____LLONE   _____NNA   _____SELLI   _____LPO

_____GNO   _____LTRONA

D DI DELFINO

1 RIPASSA LE LETTERE E CONTINUA.

D D   d d
D D   d d

2 COME INIZIA? SCRIVI **DA, DE, DI, DO, DU**.

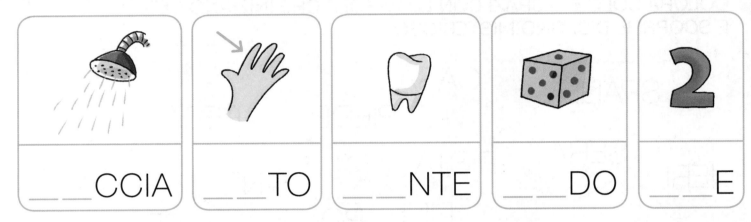

__CCIA   __TO   __NTE   __DO   __E

3 INVERTI I SUONI E LEGGI.

DA	DE	DI	DO	DU
AD	ED	ID	OD	UD

4 UNISCI LE SILLABE E FORMA NUOVE PAROLE. OSSERVA L'ESEMPIO.

E DU RA VA DO

NA DE DI SCU NO

5 ORA RISCRIVI LE PAROLE CHE HAI FORMATO E LEGGI.

6 LEGGI, POI RICOPIA IL TESTO.

• IL DAINO E IL DINOSAURO

F DI FARFALLA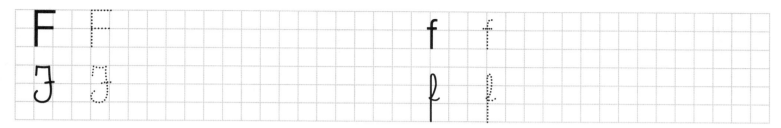

1 RIPASSA LE LETTERE E CONTINUA.

F F   f f

ℱ ℱ   ℓ ℓ

2 CERCHIA LE PAROLE CHE CONTENGONO **F**.

FACCIA   ZUCCA   FIRMA   SUSINA   FIORE

TASSO   FRAGOLA   LEVA   FRUTTO   NEVE

3 COMPLETA LE PAROLE CON **FA**, **FE**, **FI**, **FO**, **FU**.

___ARINA   TELE___NO   ___OCO

___STA   ___MO   ___LO   ___LENA   ___TTA

___NESTRA   ___NALE   ___NTANA   ___NGO

___ZZOLETTO   ___CA   ___RO

4 METTI IN ORDINE LE SILLABE E SCRIVI LE PAROLE.

TA   FA

FATA

NO   LI   FE

TO   FIU

Q DI QUADRIFOGLIO

1 RIPASSA LE LETTERE E CONTINUA.

Q   q

Q   q

2 CERCHIA LE PAROLE CHE CONTENGONO **Q**.

QUADRATO   BICICLETTA   AQUILONE   PERA

QUAGLIA   MENTA   CINQUANTA

TOPO   QUINTO   PESCATORE

3 COMPLETA LE PAROLE CON **Q + U**. POI LEGGI.

> **Ricorda**
> LA LETTERA **Q** È SEMPRE SEGUITA DA **U** E POI DA UN'ALTRA VOCALE.

- I ___ATTRO ___ADERNI DI SARA SONO TUTTI A ___ADRETTI.
- LEO COMPERA ___INDICI CARAMELLE ALLA LI___IRIZIA.
- NEL ___ADRO CI SONO CIN___E A___ILE.

4 RIORDINA LE SILLABE E SCRIVI LE PAROLE.

LO SQUA   QUI LI DO   LI RE QUO

H DI HOTEL

1 RIPASSA LE LETTERE E CONTINUA.

2 COLORA IL SUONO GIUSTO E POI COMPLETA LA PAROLA.

 HA HO

___ T-DOG

> **Ricorda**
> ALL'INIZIO DI UNA PAROLA LA LETTERA **H** NON HA SUONO ED È QUINDI MUTA.

 HA HO

___ MBURGER

 HA HO

___ STESS

3 COLORA LE PAROLE CHE CONTENGONO **H**.

HOCKEY OMBRELLONE HULA-HOP FIORE

MUCCA PALAZZO HUSKY AHI SPIAGGIA

4 COLORA SOLO GLI SPAZI CON **H**. CHE COSA APPARE?

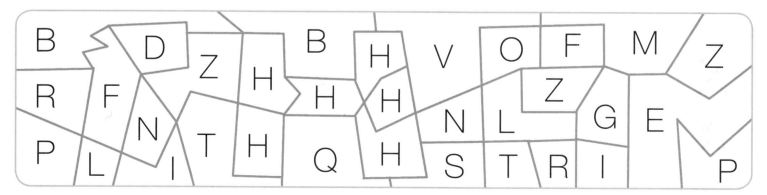

B D B H V O F M Z
R F Z H H H Z G E
P N T H H N L G E Z
L I T H Q H S T R I P

APPARE LA LETTERA _____ .

LE LETTERE STRANIERE

1 RIPASSA LE LETTERE E CONTINUA. POI COMPLETA LE PAROLE.

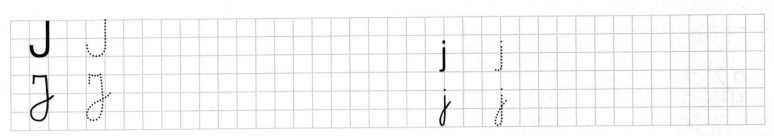

 __EEP

 __EANS

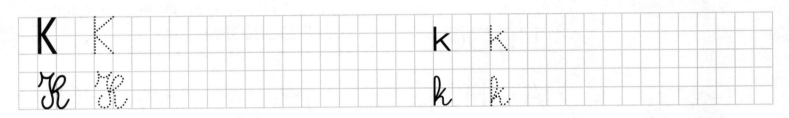

 __OALA

 __IWI

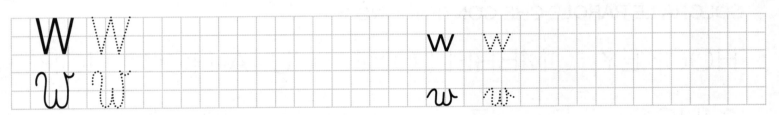

 __INDSURF

__AFER

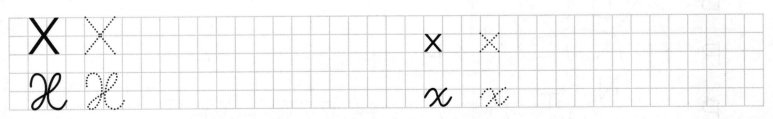

 TA__I

 __ILOFONO

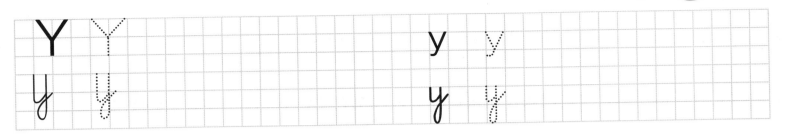

 __OGURT

 __OGA

2 LEGGI. POI RICOPIA I NOMI DEI BAMBINI SULLE RIGHE.

MI CHIAMO WANG LI E VENGO DALLA CINA.

CIAO, SONO XAVIER E VENGO DAL BRASILE.

IO SONO JOHN E VENGO DAGLI STATI UNITI.

MI CHIAMO YAMILA E VENGO DAL MAROCCO.

IO SONO KARL E VENGO DALLA GERMANIA.

- _____
- _____
- _____
- _____
- _____

3 LEGGI QUESTI NOMI, POI RICOPIALI.

YVONNE _____

WALTER _____

KURT _____

XENA _____

JAMES _____

WANDA _____

19

VOCALI E CONSONANTI

1 COME INIZIA? OSSERVA I DISEGNI E COLORA LA LETTERA GIUSTA.

P B   T V   Z S   D T   F V

2 INVERTI LE SILLABE E SCRIVI LE NUOVE PAROLE.

 DO NI   MO RA   PE RA

 _____    _____   _____

3 UNISCI LE SILLABE E FORMA NUOVE PAROLE. SEGUI L'ESEMPIO, POI SCRIVI.

SO RA RO LA FA PE RE TO

NA SA LE RO RA MA PO MO

FARO, _____

_____

4 COMPLETA CON L'AIUTO DEI DISEGNI. POI LEGGI.

- DIANA DORME VICINO AL _____ .
- LA 🌹 _____ PROFUMA.

20

5 OSSERVA I DISEGNI E SCRIVI LE PAROLE.

_____ _____ _____ _____

_____ _____ _____ _____

_____ _____ _____ _____

6 LEGGI E COMPLETA CON **J**, **K**, **W**, **X**, **Y**.

- JACOPO FA __OGGING.

- KATIA PRATICA IL __ARATE.

- WILLIAM VA SUL __INDSURF.

- ALEX AMA LA BO__E.

- YLENIA PREFERISCE LO __OGA.

- JASMINE VIAGGIA SULLA __EEP.

7 COLLEGA DISEGNI E PAROLE.

JOLLY

WÜRSTEL

KILT

KIMONO

21

CA - CO - CU

1 Cerchia le parole: usa il rosso per ca, il verde per co, il giallo per cu.

FIOCCO   CASA   ACUTO   CANDELA

CUCÙ   CONO   BALCONE   CANCELLO

COMODINO   CAMERA

2 Completa con ca, co, cu.

 AN___RA   ___RONA   ___PRA

 ___TENA   ___ORE   ___CCIA

 ___STELLO   BAR___   ___LONNA

3 Riordina le sillabe e scrivi le parole, come nell'esempio.

CI	CU	NA

NE	CA

CO	NE	TO

CUCINA

_____

RE	LÒ	CO

RO	CO

PO	LA	CU

4 Scegli una parola dell'esercizio precedente e scrivi una frase.

_____

5 Come inizia? Scrivi ca, co, cu.

 _ _ _ _   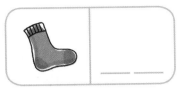 _ _ _ _    _ _ _ _   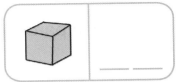 _ _ _ _

 _ _ _ _   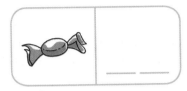 _ _ _ _    _ _ _ _    _ _ _ _

6 Leggi e completa con le parole nel riquadro.

pecora • cane • campi • mucca • contadino

Nella fattoria la _____ bela, la _____ bruca l'erba, il _____ corre e il _____ lavora i _____.

7 Colora nello stesso modo le sillabe uguali. Usa tre colori diversi.

8 Riordina le parole e forma una frase.

- Il ama carote le cavallo
- cane prato nel corre Il

- _____
- _____

23

CE - CI

1 Colora le parole che contengono ce e ci.

| CECI | GIOCO | BACI | NOCE | COCCO |

| CILIEGIE | GIACCA | CIGNO | SCARPA | CERA |

2 Cerchia ce e ci, poi collega disegni e parole.

CERCHIO

CERBIATTO

CIRCO

SALSICCIA

3 Riordina le sillabe e scrivi le parole.

CI FOR BI   STO CE   PUL NO CI

_____   _____   _____

UN NO CI   NA CE   COR CE NI

_____   _____   _____

4 Osserva i disegni e completa. Poi leggi.

- Cecilia mette un _____ .

- Il papà cena in _____ .

CIA - CIO - CIU

1 Osserva i disegni e completa le parole con cia, cio, ciu.

 _____C_____

 _____NDOLO

 _____CCOLATINI

 FOCAC_____

2 Cerchia cia, cio, ciu. Poi collegali al riquadro giusto.

CIA   CIO   CIU

CIOTOLA   SALSICCIA   ROCCIA   CIUCO

3 Unisci ciascun disegno alla parola giusta.

CARCIOFO

TORCIA

BILANCIA

CIAMBELLA

BUCCIA

4 Riordina le sillabe e scrivi le parole.

 CIA PAN

_____

 AC GA CIU

_____

 CIO LAC

_____

CHE - CHI

1 Cerchia **che** e **chi**, poi metti nel sacchetto giusto.

 FICHI

 CHE

 MACCHINA

 TRICHECO

 CHI

 FOCHE

2 Completa le parole con **che** o **chi**. Poi riscrivile.

 _____ESA

_____

 RAC_____TTA

_____

 PAC_____TTO

_____

 _____ODI

_____

 NAC_____RE

_____

 _____AVE

_____

3 Aggiungi **h** e scopri nuove parole. Poi leggi ad alta voce.

PANCE → _____

FOCE → _____

RICCI → _____

BACI → _____

BOCCE → _____

MARCIO → _____

4 Leggi ed evidenzia le parole con che e chi.

Il compleanno di Michele

È il compleanno di Michele.
Ecco il regalo degli zii: è un pacchettino
chiuso con una mollettina verde.
«Che cosa sarà?» pensa Michele.
«Una macchinina per la mia collezione?
Una chiavetta per giocare al computer?».
Sorpresa! Che cosa c'è?

Scegli il regalo e scrivilo qui. _____

5 Forma le parole con che e chi.

O	+CHE → _____
BEC	+ CHI → _____
BAR	+CHE → _____

CHIC	+ CHI → _____
MUC	+ CHE → _____
FUO	+ CHI → _____

6 Completa. Segui l'esempio.

UNO/UNA	TANTI/TANTE	UNO/UNA	TANTI/TANTE
BACO →	**BACHI**	BRUCO →	_____
ARCO →	_____	FIOCCO →	_____
FALCO →	_____	POCO →	_____
PANCA →	_____	FICO →	_____
FOCA →	_____	BUCO →	_____

27

SCA - SCO - SCU

1 Completa le parole con sca, sco, scu.

 _____ TOLA

 _____ PA

LI _____

 _____ RE

 _____ IATTOLO

 _____ LA

 _____ DO

 _____ RPA

2 Riordina le sillabe e scrivi le parole.

 DET TO SCU

_____

 SCA PE

_____

3 Completa la tabella, come nell'esempio.

UNO	TANTI
SCULTORE	**SCULTORI**
SCOLARO	
SCUSA	
SCALINO	

4 Cerchia sca, sco, scu e scrivi le parole nel posto giusto.

scuola • scodella • scatoletta • scuse
fresco • esca • pascolo • pescatore

SCA _____

SCO _____

SCU _____

SCE - SCI

1 Leggi il testo. Poi cerchia le parole con **sce** e **sci** e copiale sulle righe.

Sui monti

Lia e Paolo sono in vacanza in un paese sui monti.
Lia scivola sul ghiaccio con i pattini.
Paolo indossa una sciarpa a strisce.
La mamma scende dalla montagna con gli sci.
Oh, no! Il sole scioglie il pupazzo di neve!

- _____
- _____
- _____
- _____
- _____
- _____

2 Completa le parole con **sce** o **sci**.

 _____ TTRO

 _____ MMIA

 _____ ATORE

3 Osserva i disegni e scrivi le parole.

 _____

_____

 _____

4 Sottolinea **sce** e **sci** e scrivi le parole nel posto giusto.

uscita • discesa • scivolo • sciroppo • moscerino • sceriffo

SCE _____

SCI _____

29

SCHE - SCHI

1 Cerchia **sche** o **schi**. Poi collega parole e disegni.

SCHERMA

PESCHE

FIASCHI

TESCHIO

MOSCHE

SCHIUMA

2 Colora il suono giusto e poi completa le parole.

SCHE	SCHI		SCHE	SCHI		SCHE	SCHI
_____DA			_____RZO			MA_____O	

SCHI	SCHE		SCHI	SCHE		SCHI	SCHE
_____ENA		MA_____RA			_____RMO	

3 Completa come nell'esempio.

UNO/UNA	TANTI/TANTE		UNO/UNA	TANTI/TANTE
ESCA	→ **ESCHE**		MOSCA	→ _____
CASCO	→ _____		PESCO	→ _____
BANCA	→ _____		TASCA	→ _____
BOSCO	→ _____		LOSCO	→ _____
DISCO	→ _____		VASCA	→ _____
LISCA	→ _____		BRUSCO	→ _____

I SUONI DI C

1 Colora in verde le parole con **ce** e in rosso quelle con **ci**.

| CIVETTA | CENTO | ACCIUGA | PACE | CILIEGIA |

| CESTINO | CIELO | CAMICE | CIBO | CEREALI |

2 Osserva i disegni e indica con **X** la parola giusta.

☐ CICCI   ☐ OCE   ☐ BACO   ☐ CUCINA
☐ CHICCHI   ☐ OCHE   ☐ BACIO   ☐ CUCHINA

☐ CITARRA   ☐ CHESTO   ☐ CHIAVI   ☐ CHOLORI
☐ CHITARRA   ☐ CESTO   ☐ CIAVI   ☐ COLORI

3 Riordina le sillabe e scrivi le parole.

| CIO | LA | TO | | CHE | FO | | ME | TA | CO |

_____   _____

| CIA | BUC | | SCHIO | FI | | CHI | NA | PAN |

_____   _____

GA · GO · GU

1 Colora di rosso le parole che contengono **ga**, di verde quelle con **go**, di giallo quelle con **gu**.

GATTO   DRAGO   CANGURO

GOLA   RUGA   GUGLIA   ANGOLO

GARA   AGO   GOLF   ANGURIA

2 Completa le parole con **ga**, **go**, **gu**.

 ___BBIA    ___LLO    ___MITOLO

 ___ANTI   ___MMA   ___RILLA

 ___NCIO   ___LLERIA   ___NG

3 Riordina le sillabe e scrivi le parole.

NA	DA	GUAR	ZE	GA
GAL		RE		BO
LI				

_____   _____   _____

RO	BE	DA	GON
		GUI	
GAM	RE		NA

_____   _____   _____

4 Leggi e completa con:

gabbiano • canguro • tartaruga • gabbia

La _____ va piano, il _____ salta felice,

il _____ non rimane in _____: vola lontano.

5 Colora nello stesso modo le sillabe uguali. Usa tre colori diversi.

6 Cerchia ga, go, gu e collega le parole ai disegni.

MAGO

FURGONE

SPIGA

GUSCIO

GAMBERO

GUFO

7 Risolvi il cruciverba scrivendo una lettera in ciascuna casella, come nell'esempio.

GE - GI

1 Leggi. Poi cerchia le parole con **ge** e **gi** e copiale sulle righe.

Giochi in giardino

Gemma e Gianni giocano insieme.
Fanno il girotondo.
Poi fanno merenda con un gelato gigante.
Infine, fanno girare le loro girandole
vicino a una pianta di geranio e di giglio.

- _____
- _____
- _____
- _____

- _____
- _____
- _____
- _____

- _____
- _____
- _____

2 Completa con **ge** o **gi**.

 ____CO

RE____NA

 PU____LE

 AN____LO

3 Cerchia **ge** e **gi**; poi scegli due parole e scrivi una frase per ciascuna.

gesto • girino • gita • gelo • argento • giro

- _____
- _____

4 Leggi le parole. Poi ricopiale nel riquadro giusto.

> gemelli • gente • genitori • gelatina • giro
> giraffa • ginocchio • gita • ginnastica • gettone

GE

GI

5 Riordina le sillabe e scrivi le parole.

| LE | A | GI | | PA | NA | GI | | RI | NO | GI |

_____   _____

| GEL | MI | NO | SO | | GE | FRAN | | CO | GE |

_____   _____

6 Nello schema cerchia solo le parole con ge e gi.

CAMICIE GENTE BUGIARDO AMACA INGESSATO
TUTA ANNO SEGRETO GIARDINAGGIO ECO

GIA - GIO - GIU

1 Leggi e sottolinea le parole con gia, gio, giu.

Al lavoro!

Il giardino sembra una giungla!
L'aiuola dei giaggioli è piena di erbacce,
il gelsomino ha i rami troppo lunghi,
le giunchiglie hanno invaso il vialetto.
Giacomo il giardiniere si mette al lavoro
con cesoie e rastrello.

2 Completa le parole con gia, gio, giu.

 _____IELLI

 _____GUARO

 _____COLIERE

 _____CCA

 _____NGLA

 _____DICE

 VALI_____

 RAG_____

 _____NCHI

 _____RNALE

3 Leggi. Poi ricopia sul quaderno.

MAGGIO • GIUSTIZIA • FAGIOLINI • GIANDUIOTTO
CORAGGIO • FAGGIO • FORMAGGIO • GIUDIZIO

4 Colora il suono giusto e poi completa le parole.

GIO	GIU

_____ VANE

GIO	GIA

_____ DA

GIU	GIA

_____ GNO

GIU	GIA

_____ CINTO

GIO	GIU

OROLO _____

GIA	GIO

PAG _____

5 Riordina le sillabe e scrivi le parole.

CO GIO | GIA FA NO | FA LO GIO

_____ _____ _____

STO GIU | PI MA GIA | GIA PIOG

_____ _____ _____

6 Metti in ordine i pezzetti di ciascuna frase e riscrivile sulle righe.

E IL PORTAGIOIE SONO NELLA
IL GIUBBOTTO VALIGIA.

_____

_____

GIALLA HA GIOVANNA GIACCA UNA.

_____

37

GHE - GHI

1 Osserva i disegni: colora solo le cose e gli animali il cui nome contiene **ghe** o **ghi**.

2 Leggi e sottolinea le parole con **ghi**.

Il ghiro ghiottone

Sta arrivando l'inverno!
Il ghiro fa provviste di ghiande,
noci e nocciole. Raccoglie aghi di abete
per preparare un caldo lettino.
Ciao ghiro ghiottone, ci vediamo a primavera!

3 Osserva i disegni e completa le parole con **ghe** o **ghi**.

 MU_____TTI

 _____RIGLIO

 _____ACCIO

 _____RO

 _____PARDO

 MAR_____RITA

4 Riscrivi le parole dell'esercizio precedente.

5 Cerchia **ghe** e **ghi**. Poi collega le parole al sacchetto corrispondente.

AGHI

DRAGHI

STRINGHE

GHE

GHI

STREGHE

LAGHETTO

GHIANDE

6 Colora solo le parole con **ghe** e **ghi** e scopri il disegno misterioso.

RACCHETTE

DOMANI

FUNGHETTO   GHIACCIO   GHIOTTO

PAGHI

AGHI   CHIEDE

SUGHI   OGGETTI

BACCA

NAVE   SAPERE
                        TAPPETO

È UN _____ .

7 Forma le parole con **ghe** o **ghi**.

RI + GHE → _____

AL + GHE → _____

RU + GHE → _____

LA + GHI → _____

MA + GHI → _____

SPA + GHI → _____

GN

1 Leggi e cerchia le parole con **gn**.

Il ragno Ignazio

Ignazio il ragno si fa il bagno senza spugna
e senza vasca.
Sogna un bagno nello stagno
con un cigno sopra un fiore di magnolia.

2 Completa le parole con **gn**. Poi unisci ciascun disegno alla parola giusta.

A___ELLO

RA___ATELA

MI___OLO

LASA___E

LE___A

___U

PI___A

3 Leggi e completa con:

legno • disegno • segnale

- Sonia ha fatto un bellissimo _____.
- La mamma ferma la macchina al _____ di stop.
- Il giocattolo di Ivan è di _____.

4 Riordina le sillabe e scrivi le parole.

GNA
LA

GNO
SE

GNO
RE

GNO
PU

GNA
VI

---

5 Metti in ordine i pezzetti di frase e riscrivila sulle righe.

DANIELE UNA IDEA HA
AVUTO GENIALE.

> **Ricorda**
> Quando in una
> parola ci sono
> due vocali vicine
> si usa **ni**.

---

6 **Gn** oppure **ni**? Osserva e completa.

 GE____O

 LAVA____A

 CICO____A

 CIMI____ERA

 PA____ERE

 GERA____O

 PRU____A

 ALLUMI____O

 CRI____ERA

 ____OMO

GLI

1 Leggi e cerchia le parole con gli. Poi ricopiale sulle righe.

Buon appetito!

Giò il coniglietto ha fame. Quanti bei trifogli nel prato!
Giò prepara la tovaglia, il tovagliolo,
un po' di aglio e l'olio per il condimento,
un tagliere per le foglie, una ciotola per la paglia.
Il pranzetto è pronto!

- _____
- _____
- _____

- _____
- _____

- _____
- _____

2 Completa le parole con gli.

 VENTA_____O

 GIUNCHI_____A

 FO_____O

 BOTTI_____A

 CONCHI_____A

 QUA_____A

 SVE_____A

 SCO_____O

3 Completa la frase: sostituisci le parole ai disegni.

- IL _____ È GHIOTTO DI _____.

- GIGLIOLA MANGIA I _____ DELLE NOCI.

4 Unisci le sillabe e forma le parole. Segui l'esempio.

PA	GLIO
FO	GLIA
BI	GLIE
CI	GLIA
TI	GLIA

PAGLIA

_____

_____

_____

_____

5 Completa le parole con **gli**.

BI_____ETTO

BAVA_____NO

MEDA_____A

TENA_____A

MA_____ONE

GRI_____A

6 **Gli** oppure **li**? Osserva e completa.

ITA_____A

CI_____EGIA

CANDE_____ERE

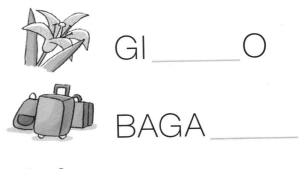

GI_____O

BAGA_____

MA_____A

I SUONI DI G

1 Osserva i disegni e indica con X la parola giusta.

☐ GIALLO   ☐ ANGELO   ☐ GANTI   ☐ FAGIOLO
☐ GALLO   ☐ ANCELO   ☐ GUANTI   ☐ FAGOLO

☐ GIRO   ☐ GIRINO   ☐ ALGE   ☐ FRANGE
☐ GHIRO   ☐ GHIRINO   ☐ ALGHE   ☐ FRANGHE

2 Colora in verde le parole con **gn** e in rosso quelle con **gli**.

| MERAVIGLIA | BAGNO | CINIGLIA | PIGNA |

| STAGNO | BIGLIE | PEGNO | FAMIGLIA | MEGLIO |

3 Riordina le sillabe e scrivi le parole.

| TA | GNA | MON | | TO | GAT | | GLIO | LU |

_____   _____   _____

| GE | TO | LA | | GLIA | CI | | CIO | GAN |

_____   _____   _____

4 Leggi e completa con:

> gallo • campagna • maglione • giullare
> sogliola • foglio • giraffa • girotondo

- Il _____ canta nel pollaio.

- Fa freddo! Giuseppe mette il _____.

- La _____ nuota nel mare.

- Il _____ fa ridere il re con gli scherzi.

- I bambini fanno tutti insieme un _____.

- Giada va in vacanza in _____.

- Guido disegna sul _____.

- La _____ allunga il collo e mangia le foglie sui rami.

5 Scrivi tre parole con gia, gio, giu.

GIA

GIO

GIU

6 Colora il suono giusto e poi completa le parole.

GA   GU   GO   GA   GU   GO

CAN ___ RO   TARTARU ___   ___ MITO

45

IN CORSIVO

1 Osserva l'esempio e copia in corsivo le parole.

ape

ape

pane

rosa

mela

sole

barca

dado

erba

fiore

vaso

zebra

casa

gufo

imbuto

lana

hotel

neve

orso

quadro

torta

uva

yo-yo

wafer

jeep

koala

xilofono

2 Ripassa le frasi e poi ricopiale.

La luna risplende nella sera.

Il gatto dorme sul cuscino.

Le streghe cercano i funghi.

3 Separa le parole e riscrivi la frase in corsivo. Segui l'esempio.

Lascimmiavivenellagiungla.

La scimmia vive nella giungla.

Ilcaneinseguelapallina.

47

I SUONI DI R

1 Leggi e cerchia le parole che contengono il suono **pr**.

> primo crudo prova fresco presto
>
> frumento trota provolone ladro

2 Osserva i disegni, leggi e unisci le parole ai cartellini giusti, come nell'esempio.

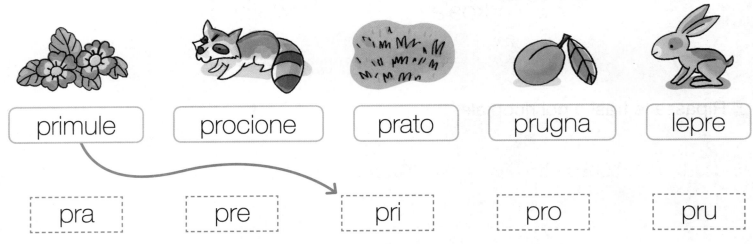

| primule | procione | prato | prugna | lepre |

| pra | pre | pri | pro | pru |

3 Leggi e completa con le parole nel riquadro.

> premio • cristalli • primavera

- Roberto vince
  un _____.
- La _____
  è la prima stagione dell'anno.
- In inverno si formano
  i _____
  di neve.

4 Scrivi e dividi in sillabe. Osserva l'esempio.

drago	**dra-go**
_____	_____
_____	_____
_____	_____
_____	_____
_____	_____

S PIÙ...

1 Segui la strada colorando le parole che iniziano con **s** + una **consonante** e raggiungi l'uscita del labirinto.

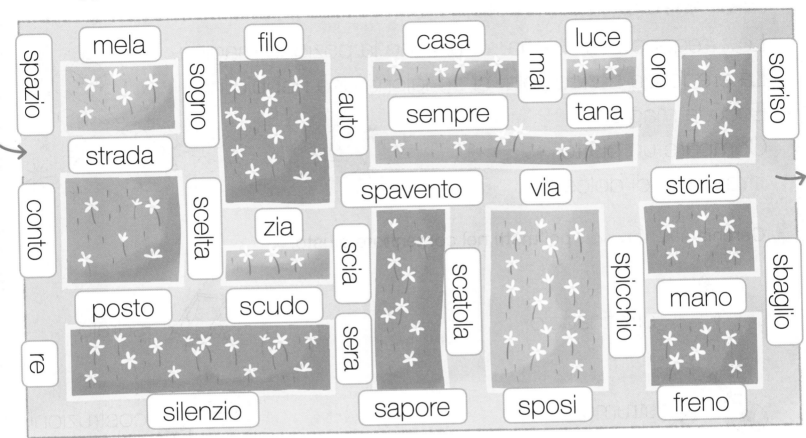

2 Unisci le sillabe e scrivi le parole, come nell'esempio.

spillo,

SUONI DIFFICILI

1 Leggi e osserva le parole evidenziate.

Nell'antro di Merlino

Lo stregone e la strega spruzzano la pozione magica.
La credenza scricchiola, si sprigiona una nebbiolina.
Ecco la magia!
Compare un piatto
stracolmo di dolcetti!

2 Cerchia **str**, **scr**, **sdr**, poi metti nel contenitore giusto.

 strofinaccio
 str
 strumenti
scr
 sdraio
 costruzioni
 scricciolo
 sdr
 nastro

3 Completa con **str**, **spr** o **scr**.

 _____ada
 _____uzzo
 mae_____a
 _____ivania

 fine_____a
 mine_____a
 _____igno
 _____emuta

CU O QU?

1 Completa le parole con **cu** o **qu**. Fai attenzione!

 _____ ore

 _____ indici

 _____ lla

 _____ ccia

 _____ aranta

 _____ adro

 s _____ ola

 _____ bo

 _____ adretti

 _____ oio

 _____

s _____ re

2 Leggi. Poi cerchia in verde le parole con **cu** e in rosso quelle con **qu**.

cugino	cucina	quartetto	scuotere	cunicolo
percuotere	scuro	riscuotere	quattro	
aquila	cura	quadrato	cuoco	cucciolo

3 Completa con le parole nel riquadro.

quinto • cuccia • quaglia • scusa

- La _____ mangia i semini.
- Il cagnolino dorme nella _____.
- Maggio è il _____ mese dell'anno.
- Valeria, chiedi _____ a Francesca!

IL SUONO CQU

1 Completa le parole della famiglia **acqua**. Poi leggi.

 a_____edotto

 a_____erugiola

 a_____azzone

 ACQUA

 a_____ario

 a_____erelli

 suba_____eo

2 Completa gli alveari inserendo una lettera per casella. Osserva l'esempio.

• Parco di divertimenti con piscine e scivoli.

a c q u a p a r k

• La senti in bocca alla vista di un buon cibo.

a _ _ _ _ _ l n

• Vasca in cui si lavano i piatti.

a _ _ _ _ i

• Pozza di acqua stagnante.

a _ _ _ t r n o

3 Colora nello stesso modo le lettere uguali. Osserva e poi leggi.

S O Q Q U A D R O

MB - MP

Ricorda
Le lettere p e b vogliono sempre davanti la lettera m.

1 Leggi e sottolinea le parole che contengono **mb** o **mp**. Poi ricopiale nel riquadro giusto.

Che tempaccio!

Stamattina è scoppiato il temporale!
Prima di uscire, Ambra indossa il suo impermeabile rosso
e apre l'ombrello. Il cielo è scuro e ci sono lampi e tuoni.
I lampioni sulla strada sono ancora accesi. È buio!

mb	mp
_____	_____
_____	_____
_____	_____

2 Scrivi i nomi di ciò che vedi disegnato.

 _____

 _____

 _____

 _____

 _____

 _____

3 Completa le parole con **mb** o **mp**. Poi leggi.

ca_____anile • o_____ra • la_____oni • ba_____ino

i_____egno • va_____iro • i_____uto • a_____olla

a_____io • tro_____a • colo_____a • ga_____ero

LE DOPPIE

1 Completa il nome degli animali.

 i_____opotamo

 chio_____ia

 co_____odri_____o

 ta_____hino

 u_____e_____o

 fenico_____ero

 a_____oltoio

 pe_____icano

2 Cerchia di rosso gli animali con la **doppia** e di blu gli animali **senza doppia**.

balena	cavallo	farfalla	gatto
cane	coccinella	giraffa	orso
civetta	chiocciola	luccio	dodo

3 Scrivi i nomi di ciò che vedi disegnato.

 _____

 _____

 _____

 _____

 _____

 _____

 _____

 _____

4 Leggi e cerchia tutte le parole con le doppie.

Stella stellina, la notte si avvicina,
la fiamma traballa, la mucca è nella stalla.
Vicino alla mamma tutti fan la nanna.

5 Raddoppia la consonante in blu e scrivi la nuova parola.

tuta → _____

note → _____

pala → _____

coro → _____

6 Togli una doppia e ottieni la nuova parola.

sette → _____

pappa → _____

torri → _____

serra → _____

cassa → _____

tonno → _____

nonna → _____

notte → _____

sonno → _____

rossa → _____

7 Leggi facendo attenzione a pronunciare le doppie.

chiasso	chitarra	gonna	cappotto
materasso	cavatappi	attaccapanni	allegria
pannocchia	sabbia	spiaggia	mappa
palla	pizza	nonno	sonno

8 Ora cerchia di rosso le parole con 2 doppie.

LE SILLABE

1 Dividi le parole in sillabe, come negli esempi.

| ma/no | mulo | luna | remo | cane | sale |

| or/to | elmo | erba | asta | orco | arma |

2 Riordina le sillabe e scrivi le parole.

ta co me

stel lo ca

bu tam ro

ma ra sche

ria gu an

_____ _____ _____ _____ _____

3 Dividi in sillabe, come negli esempi. Poi leggi.

frana	**fra-na**	ruspa	_____	primo	_____
carta	**car-ta**	bosco	_____	porta	_____
disco	**di-sco**	trono	_____	tasca	_____

4 Dividi in sillabe le parole con le doppie; osserva l'esempio.

gatto   colla   scimmia   bocca   tappo

gat-to _____ _____ _____ _____

5 Dividi in sillabe le parole seguenti: attenzione alle doppie... doppie!

pap-pa-gal-lo

6 Unisci le sillabe e forma le parole. Poi scrivile sulle righe come nell'esempio.

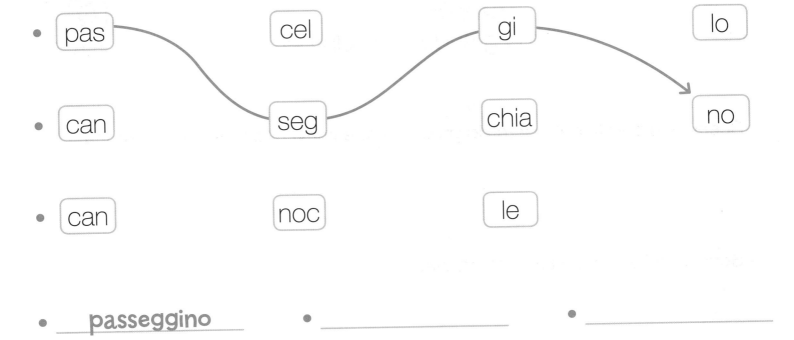

- passeggino
-
-

7 Correggi gli errori: fai una X sulle sillabe errate e riscrivi la corretta divisione in sillabe.

| mo nta gna | ta rta ru ga | a ne llo |

| ca sta gna | am o re | ba mbo la |

L'ACCENTO

1 Segui l'esempio e completa le frasi con le parole che hanno l'accento.

 Gli gnocchi al **ragù**

 Una tazza di _____

 Una tazzina di _____

 Il numero _____

 Un _____

 Una grande _____

 Un bel _____

 Un orologio a _____

2 Scegli due parole dell'esercizio precedente e scrivi una frase per ciascuna.

- _____
- _____

3 Scrivi una frase per ciascuna parola.

faro	_____
farò	_____
pero	_____
però	_____

4 Metti l'accento e leggi le parole.

cioe   perche   giu   cosi   sogno   tribu   percio

cammino   bonta   Peru   pero   laggiu   bigne

L'APOSTROFO

1 Togli la vocale dall'articolo e riscrivi con l'apostrofo. Osserva l'esempio.

- ~~la~~ arancia → _l'arancia_
- la uva → _____
- lo uomo → _____
- la amica → _____
- la orata → _____
- lo uovo → _____
- la edera → _____

- la esca → _____
- lo asino → _____
- lo astuccio → _____
- lo autunno → _____
- la amaca → _____
- la ora → _____

2 Completa con **l'** o **un'**, poi riscrivi le frasi complete.

- ____ albicocca è dolce.
- Finalmente è arrivata ____ estate.
- Sul prato ci sono una rana, ____ oca e una libellula.
- Hai avuto proprio ____ idea geniale!
- Mario appende ____ amaca a due alberi.

3 Completa gli insiemi con parole che iniziano per vocale preceduta da **l'**.

animali

l'oca, _____

_____

_____

oggetti

l'ombrello, _____

_____

_____

E - È

1 Leggi e completa il brano con **è** oppure **e**.

A scuola

Oggi ___ il primo giorno di scuola
per Giorgia ___ Matteo.
Giorgia ___ molto emozionata ___ felice di conoscere
i suoi nuovi compagni, mentre Matteo ___ un po' timido.
Le maestre sono molto simpatiche, soprattutto Roberta,
che ___ la maestra di matematica.

> **Ricorda**
>
> **E** unisce, per esempio:
> "L'albero e il fiore".
> **È** dà delle informazioni, come:
> "Il gatto è sul divano".

2 Inventa una frase per ogni parola. Usa **è** oppure **e** come nell'esempio.

	rosa	La rosa è molto profumata.
	gelato	
	fragola	
	moscerino	
	gatto	

3 Osserva il disegno, poi descrivi usando **è**.

Cos'è? _____

Dov'è? _____

Com'è? _____

C'È / CI SONO - C'ERA / C'ERANO

1 Osserva i disegni e completa.

Prima c'era
un tronco.

Ora _____
un tavolo.

Prima _____
la pioggia.

Ora _____
l'arcobaleno.

Prima _____
un bruco.

Ora _____
una farfalla.

2 Ora completa con c'era o c'erano.

uno	più di uno

- _____ il nonno.
- _____ un seme.
- _____ una spiga.

- _____ i nonni.
- _____ tanti semi.
- _____ le spighe.

3 Completa la frase con c'è o ci sono.

Nella cameretta _____ un armadio, _____ una scrivania,

_____ i giochi e _____ le matite.

A - HA - AH

1 Leggi e osserva le parole evidenziate.

> **Ricorda**
> Usa l'**h** solo quando significa possedere, sentire, fare l'azione di...

Il compleanno

Lucia, per il suo compleanno,
ha ricevuto alcuni disegni dai compagni.
A Lucia piace soprattutto il disegno che le ha regalato
Matteo. Per festeggiare, Lucia ha portato a scuola
una torta. – Ah, che bontà! – esclamano tutti.
– Ha avuto proprio una bella idea!

2 Completa con **a** e leggi.

Andiamo ___ trovare i nonni.

I nonni abitano ___ Roma.

3 Completa con **ha** e leggi.

Baffo ___ fame!

Ma ___ già mangiato un'ora fa!

4 Leggi e completa con **a** e **ha**.

- La mamma ___ un bel vestito.
- Nicola e Davide vanno ___ casa ___ studiare.
- Lucia ___ voglia di andare ___ pattinare.
- Marta ___ i capelli lunghi e biondi.
- Giulio ___ una casa ___ Trieste.

NOMI DI COSA, ANIMALE, PERSONA

1 Nomi di **cosa**: scrivi e poi leggi.

 _____

 _____

 _____

 _____

 _____

 _____

2 Nomi di **animale**: scrivi e poi leggi.

 _____

 _____

 _____

 _____

 _____

 _____

3 Nomi di **persona**: scrivi e poi leggi.

 _____

 _____

 _____

 _____

 _____

 _____

4 Colora i nomi di cosa in giallo, di animale in verde, di persona in rosso.

dottore	zanzara	pompiere	gelato	autobus	ape

freccia	puzzola	fratello	cantante	squalo

matita	gatto	cuoco	pallone	quaderno	mare

elefante	maestra	riccio	chirurgo	delfino

MASCHILE - FEMMINILE

1 Osserva i disegni: scrivi nel quadratino **M** se hanno nome maschile e **F** se hanno nome femminile.

 ☐  ☐  ☐

> **Ricorda**
>
>
>
> il nonno   la nonna
>   ↓   ↓
> maschile   femminile

2 Completa le tabelle.

Sono di genere f_____
la _____balena_____ ,
la _____ ,
la _____ ,
la _____ ,
la _____ .

Sono di genere m_____
lo _____zio_____ ,
lo _____ ,
il _____ ,
il _____ ,
l' _____ .

3 Leggi. Poi completa con le parole che mancano.

La famiglia di Paola

Paola dice: – Nella mia famiglia ci sono il papà
e la _____ , mio fratello Pietro,
mia _____ Laura, lo zio Giulio
e la _____ Marta, mio cugino
Alessio, mia _____ Sofia.
Poi ci sono anche il gatto Pulce
e la _____ Pallina.

SINGOLARE - PLURALE

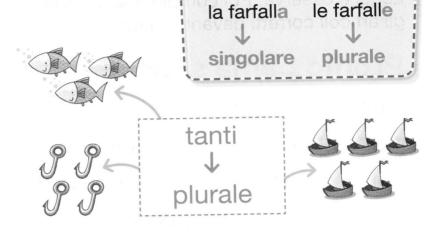
1 Osserva e completa:

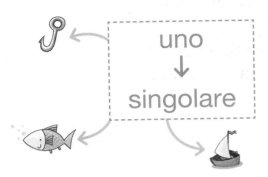

uno → singolare

tanti → plurale

l'amo, il _____,
la _____

gli _____, i _____,
le _____

2 Trasforma al **plurale**, come nell'esempio.

 vaso   vasi
 cavallo _____
 zaino _____
 bambino _____

 tazza _____
 sciarpa _____
 stella _____
 bambina _____

3 Leggi. Poi colora i riquadri delle cose e degli animali che sono più di uno.

scheda   orecchie   televisore

fichi   riccio   foche   arpa

pulcini   maniglia   tasti   canzone   mani

GLI ARTICOLI

1 Leggi e osserva. Poi completa scrivendo gli articoli corretti davanti ai nomi.

Pronto per la scuola!

Giacomo si veste:

indossa prima _____ maglietta,

poi _____ calze e _____ pantaloni.

Indossa _____ maglioncino

con _____ orsetti.

Infine, indossa _____ cappotto, _____ sciarpa

e _____ scarponcini.

Anche se fuori fa freddo, è ben coperto.

Manca solo _____ zaino ed è pronto per _____ scuola!

2 Scrivi davanti ai nomi gli articoli **il, la, l', i, le**.

 _____ mandarini

_____ noce

_____ erba

 _____ camino

 _____ conchiglie

_____ piatti

3 Completa con **lo, l', gli**.

 _____ scoiattolo

_____ orecchini

 _____ occhi

 _____ ippopotamo

4 Leggi e osserva.

uno zaino

un bambino

una̶'isola

una mela

5 Completa con **un, uno, una**.

 _____ tavolo

 _____ struzzo

 _____ borsa

 _____ pizza

 _____ telefono

 _____ scoglio

 _____ razzo

 _____ matita

 _____ zero

 _____ ombrellone

6 Osserva l'esempio e metti l'apostrofo quando è possibile.

- una arancia → **un'arancia**
- una albicocca → _____
- una collana → _____
- una edera → _____
- una notte → _____
- una luce → _____
- una orsa → _____

- una stella → **no**
- una biro → _____
- una erba → _____
- una idea → _____
- una firma → _____
- una àncora → _____
- una anguilla → _____

LE QUALITÀ

1 Leggi e osserva.

Com'è? Come sono?

 Il cuscino è morbido.

 Le api sono laboriose.

 Il giudice è severo.

 I frutti sono maturi.

2 Completa le frasi con una qualità adatta a ciascuno dei nomi. Segui l'esempio.

- La pizza è _____saporita_____ .
- Il cane è _____ .
- La pianta è _____ .
- Il maglione è _____ .

- La città è _____ .
- La bicicletta è _____ .
- Il papà è _____ .
- La scrivania è _____ .

3 Collega i nomi alle qualità adatte, come nell'esempio.

| aula | occhi | scarpe | tempo | esercizio | persona |

| castani | errato | spaziosa | piovoso | comode | timida |

4 Scrivi per ogni qualità la qualità contraria. Segui l'esempio.

- lento → _____veloce_____
- freddo → _____
- grande → _____

- ruvido → _____
- lungo → _____
- morbido → _____

5 Osserva i disegni. Poi scrivi due qualità per ciascuno dei nomi.

bambino   macchina   libro   albero

_____   _____   _____   _____

_____   _____   _____   _____

6 Segna con X la qualità giusta per ciascun oggetto disegnato.

☐ dolce   ☐ intero   ☐ aperta   ☐ vuoto

☐ salata   ☐ rotto   ☐ chiusa   ☐ pieno

7 Sottolinea la qualità intrusa e scopri il nome a cui si riferisce.

ghiacciata   morbido   colorata
bianca   pericoloso   appuntita
soffice   caldo   cancellabile
storta   colorato   luminosa

_____   _____   _____

8 Scegli una parola dell'esercizio precedente e scrivi una frase.

_____

LE AZIONI

Ricorda

Le **azioni** indicano che cosa fa una persona, un animale, una cosa.

1 Osserva e leggi.

Che cosa fa? Che cosa fanno?

 Il razzo vola.

 I bambini giocano.

 La mamma legge.

 Le farfalle volano.

2 Osserva i disegni e completa, come nell'esempio.

 Il papà ___telefona___ .

Il cuoco _____ .

 La sveglia _____ .

 Il cane _____ .

 Il vento _____ .

 Il pesce _____ .

3 Attribuisci a ciascun animale il suo verso. Completa, come nell'esempio.

Il cane ___abbaia___ .

Il lupo _____ .

La pecora _____ .

Il leone _____ .

L'uccellino _____ .

Il serpente _____ .

Il topo _____ .

Il cavallo _____ .

L'asino _____ .

La mucca _____ .

Il gatto _____ .

Il pulcino _____ .

ESERCITATI E COMPLETA

1 Dividi in sillabe le parole. Segui l'esempio.

 coccodrillo   ala   maiale

stalla   civetta   acquario   passero

pompiere   pinguino   gazza   leone

2 Completa con **il**, **lo**, **la**, **i**, **gli**, **le**, **l'**. Poi leggi.

_____ zio   _____ erba   _____ matite   _____ amici

_____ bici   _____ libri   _____ formiche   _____ alberi

_____ luci   _____ stadio   _____ orecchio   _____ cuore

_____ canarino   _____ pennarelli   _____ arcobaleno

3 Completa con **un**, **una**, **uno**, **un'**. Poi leggi.

_____ zaino   _____ parola   _____ bacio

_____ amaca   _____ bibita   _____ isola

_____ indiano   _____ stambecco   _____ leopardo

_____ scatola   _____ elica   _____ scorpione

SCRIVI TU

1 Riordina le parole e scrivi le frasi in corsivo.

gli
esercizi
Emma
esegue

colora
Stefania
disegno
un

la lezione
spiega
maestra
La

_____   _____   _____

_____   _____   _____

2 Continua tu: completa le frasi.

- Il leone fa _____
- Irene nuota _____
- Il treno arriva _____
- Il coniglio mangia _____
- Olga scrive _____
- La tigre corre _____

3 Scrivi una frase per ogni coppia di parole. Usa il corsivo.

| ragno • ragnatela | uccello • nido | vacanze • mare |

- _____
- _____
- _____